Los **Deberes**
de los **Padres**

J.C. Ryle

Los deberes de los padres
por J.C. Ryle

A menos que se indique lo contrario, las citas bíblicas incluidas en esta obra fueron tomadas de la versión Reina Valera Antigua, en el dominio público.

ISBN: 978-1-64142-259-8

Publicado por
Editorial RENUEVO, LLC.
www.EditorialRenuevo.com
info@EditorialRenuevo.com

Contenido

«Instruye al niño en su carrera: aun cuando fuere viejo no se apartará de ella».

(Proverbios 22.6 RVA)

Introducción

Supongo que la mayoría de los cristianos profesos conocen la cita bíblica de Proverbios 22.6. Su sonido es probablemente familiar a sus oídos, como una vieja tonada. Probablemente la has oído, leído, comentado o citado muchas veces. ¿No es así?

Pero, en realidad, ¡cuán poco se considera la esencia de su argumento! Pareciera que no se conoce la doctrina que contiene, pareciera que raramente se pone en práctica el deber que nos presenta. Lector, ¿no es verdad lo que digo?

No se puede decir que el tema sea nuevo. El

mundo es antiquísimo y nos proporciona experiencias acumuladas en casi 6.000 años. Vivimos en una época donde hay gran fervor por la educación. Nos enteramos de escuelas nuevas que se levantan por todas partes. Nos cuentan de nuevos sistemas, y nuevos libros para los niños y jóvenes, de todo tipo y clase. Y aun así, a la gran mayoría de los niños evidentemente no se les enseña el camino que deben tomar, porque cuando llegan a la adultez no caminan con Dios.

Ahora bien, ¿cómo podemos explicar esta situación? La verdad lisa y llana es que el mandamiento del Señor en nuestro texto no se tiene en cuenta y, en consecuencia, la promesa del Señor en nuestro texto no se cumple.

Lector, estas cosas deben llevar a una profunda reflexión. Escucha, pues, una palabra de exhortación de un pastor, sobre la instrucción correcta de los hijos. Créeme, el tema es del tipo que debe sacudir cada conciencia, y hacer que cada uno se pregunte: «¿Estoy haciendo todo lo que puedo en este sentido?».

Es un tema que nos concierne a todos. Casi no hay hogar al que no toque. Padres de familia, ayas, maestros, padrinos, madrinas, tíos, tías, hermanos, hermanas: a todos les incumbe. Son pocos, pienso yo, los que no influyen sobre algún padre de familia en la administración de su familia, o no afectan la instrucción de algún niño por medio de sugerencias o consejos. Todos, creo yo, podemos hacer algo en este campo, directa o indirectamente, y quiero inquietarlos a todos para que lo tengan muy en cuenta.

Es un tema, también, sobre el cual todos los involucrados corren el peligro de no alcanzar a cumplir su deber. Este es mayormente un punto en que los hombres pueden ver las faltas de sus prójimos antes que las suyas propias. Con frecuencia crían a sus hijos justamente en la senda de cuyos peligros han advertido a sus amigos. Ven la mota en las familias de otros y no echan de ver la viga en las de ellos mismos. Tienen vista de águila para detectar errores ajenos, pero son ciegos como murciélagos para ver los errores fatales que se cometen a diario en el hogar. Son sabios en cuanto a la casa de su hermano, pero necios en cuanto a su propia carne y sangre. Aquí, más que en ningún otro sentido, necesitamos desconfiar de nuestro propio discernimiento. Harían bien en tener esto también en cuenta.[1]

Vengan ahora, y permítanme poner ante ustedes algunas pautas sobre la instrucción correcta. Que Dios Padre, Hijo y Espíritu Santo las bendiga y las convierta en palabras certeras para todos. No las rechacen por ser francas y sencillas, ni las desprecien porque no contienen nada nuevo. Tengan muy por seguro, si es

---

1   Como ministro, no puedo dejar de comentar que casi no existe tema sobre el cual la gente parezca más tenaz que el de sus hijos. A veces he quedado anonadado ante la renuencia de padres de familia cristianos y sensibles de admitir las faltas de sus propios hijos, o que merecen ser culpados. No son pocas las personas a quienes prefiero hablarles de sus propios pecados, que decirles que sus hijos han hecho algo malo.

que han de instruir a sus hijos para llegar al cielo, que son pautas que no deben descartarse con ligereza.

Capítulo 1

PRIMERO, ENTONCES, SI
HAN DE INSTRUIR A SUS
HIJOS CORRECTAMENTE,
INSTRÚYANLOS EN EL
CAMINO POR EL QUE DEBEN
ANDAR, NO EN EL QUE
NATURALMENTE TOMARÍAN

Recuerden que los niños nacen con una decidida inclinación hacia el mal y, por lo tanto, si los dejan escoger por sí mismos, de seguro escogerán lo equivocado. La madre no puede saber lo que su tierno infante llegará a ser —alto o bajo, débil o fuerte, sabio o necio—. Puede o no ser todo esto, es todo incierto. Pero una cosa puede decir la madre con certidumbre: tendrá un corazón corrupto y pecaminoso. Es natural que hagamos lo incorrecto. «*La necedad*», dice Salomón, «*está ligada en el corazón del muchacho*». *(Proverbios 22.15)* «*el muchacho consentido avergonzará a su madre». (Proverbios 29.15)* Nuestros corazones son como el suelo que pisamos; si no se ocupan de él, de seguro en él crecerán malezas.

◇◇◇

NO SABE TODAVÍA LO QUE ES BUENO PARA SU MENTE Y ALMA

Por lo tanto, si van a tratar sabiamente a su hijo, no deben dejarlo que se guíe por su propia voluntad. Piensen por él, juzguen por él, actúen por él, tal como lo harían por alguien débil o ciego; pero, por lo que más quieran, no lo entreguen a sus propios gustos y tendencias caprichosos. No son sus gustos o deseos los que hay que consultar. No sabe todavía lo que es bueno para su mente y alma, tal como no sabe lo que es bueno para su cuerpo. No lo dejen decidir lo que comerá y lo que beberá, y cómo se vestirá. Sean consecuentes y traten con su mente de la misma manera. Instrúyanlo en el camino que es bíblico y correcto, y no de la manera que a él se le antoje.

Si no pueden decidirse en cuanto a este primer principio de instrucción cristiana, es inútil que sigan leyendo. La terquedad es casi lo primero que aparece en la mente del niño. Su primer paso es resistirla.

Capítulo 2

INSTRUYAN A SU HIJO CON TODA TERNURA, AFECTO Y PACIENCIA

No quiero decir que lo han de consentir, pero sí quiero decir que deben hacerle ver que lo aman.

El amor debe ser el hilo de plata que se entreteje en toda su conducta. Bondad, gentileza, mansedumbre, tolerancia, paciencia, comprensión, disposición a ocuparse de problemas infantiles y presteza a participar de alegrías infantiles son las cuerdas por las cuales el niño puede ser guiado con más felicidad; son las pistas que deben seguir para encontrar el camino a su corazón.

Hay pocos, aun entre adultos, que no sean más fáciles de motivar con amabilidad que con apremio. Está aquello en nuestra mente que se resiste contra la coacción; damos la espalda y endurecemos la cerviz ante la mera idea de la obediencia forzada. Somos como potros en manos del domador: trátenlos con suavidad y denles importancia y, con el tiempo, podrán guiarlos tirando de un hilo; usen con ellos rudeza y violencia, y pasarán muchos meses antes de que puedan dominarlos.

Ahora bien, la mente de los niños ha sido fundida en un molde muy similar al nuestro. La dureza y severidad en el trato les producen frialdad y rechazo. Eso cierra sus corazones y se les hará imposible encontrar la puerta para abrirlos. Pero háganles ver que sienten afecto por ellos, que realmente anhelan hacerlos felices y hacerles bien, y que, si los castigan, es para beneficio de ellos y que, como el pelícano, darían la sangre de su corazón para nutrir sus almas; déjenlos ver esto, digo, y pronto serán enteramente suyos. Pero deben ser conquistados con bondad, si es que han de ganarse su atención.

Y por cierto que la razón misma nos enseña esta lección. Los niños son criaturas débiles y tiernas y, como tales, necesitan ser tratados con paciencia y consideración. Debemos manejarlos con delicadeza, como máquinas frágiles, no sea que con nuestro toque rudo hagamos más mal que bien. Son como plantas jóvenes y necesitan ser regados suavemente: con frecuencia, pero poquito a poco.

◇◇◇

SON COMO PLANTAS JÓVENES Y NECESITAN SER REGADOS SUAVEMENTE

No debemos esperar todo de ellos al mismo tiempo. Tenemos que recordar que son niños y enseñarles lo que pueden entender. Su mente es como un trozo de metal; no para ser forjado y hecho útil de una sola vez, sino solo por una sucesión de pequeños golpes. Lo que pueden comprender es como una vasija de cuello angosto: tenemos que echar en ellos el vino del conocimiento gradualmente; si no, mucho se derramará y perderá. «Renglón tras renglón, mandato sobre mandato, un poquito aquí, un poquito allá» debe ser nuestra regla. La piedra de afilar hace su obra lentamente, pero la fricción frecuente afila bien la guadaña. Realmente se necesita paciencia para instruir a un niño, pero sin ella nada se logra.

◇◇

EL AMOR ES EL GRAN SECRETO DE LA INSTRUCCIÓN EXITOSA

Nada puede compensar la falta de esta ternura y este amor. El pastor puede hablar de la verdad que se encuentra en Jesús, con claridad, fuerza, categóricamente, pero si no habla con amor, pocas almas se ganarán. Deben presentar ante sus hijos sus obligaciones —ordenen, amenacen, castiguen, razonen— pero si falta el afecto en su trato, su obra será en vano.

El amor es el gran secreto de la instrucción exitosa. El enojo y la dureza pueden generar temor; no persuaden al niño de que tienen razón; y si con frecuencia ve que no controlan su enojo, pronto dejarán de contar con su respeto. El padre que habla a su hijo como le habló Saúl a Jonatán no puede pretender influir en su mente. *(Véase 1 Samuel 20.30)*.

Procuren con diligencia conservar el afecto de su hijo. Es peligroso hacer que sus hijos les tengan miedo. Casi cualquier otra cosa es mejor que la distancia y coacción entre ustedes y su hijo; y esto aparece cuando hay temor. El temor impide el actuar sin reservas, el temor lleva a la ocultación; el temor siembra la semilla de mucha hipocresía y lleva a muchas mentiras. Las palabras del apóstol a los colosenses son muy ciertas: «*Padres, no irritéis a vuestros hijos, porque no se hagan de poco ánimo*». *(Colosenses 3.21)* No tengan en poco su consejo.

Capítulo 3

INSTRUYAN A SUS HIJOS CON LA PERMANENTE CONVICCIÓN DE QUE MUCHO DEPENDE DE USTEDES

La gracia es el más fuerte de todos los principios. Observen qué revolución causa la gracia cuando entra en el corazón de un viejo pecador: cómo destruye los baluartes de Satanás, cómo echa abajo las montañas, llena los valles, endereza lo torcido y hace nuevo al hombre. Realmente nada es imposible para la gracia.

También la naturaleza es muy fuerte. Observen cómo lucha contra las cosas del reino de Dios, cómo pelea contra todo intento de ser más santo, cómo sigue librando una guerra en nuestro interior hasta el último hálito de vida. Sí, la naturaleza es muy fuerte.

Pero, después de la naturaleza y la gracia, sin duda no hay cosa más poderosa que la educación. Los primeros hábitos (si se me permite decirlo) significan todo para nosotros, bajo Dios. Llegamos a ser lo que somos por la instrucción. Nuestro carácter toma la forma del molde en que fueron forjados nuestros primeros años.[2]

Dependemos, en gran medida, de quienes nos crían. Adquirimos de ellos colores, gustos y prejuicios que se nos pegan más o menos toda la vida. Adoptamos el lenguaje de nuestras ayas y madres, y aprendemos a hablarlo casi sin sentirlo y, sin duda alguna, al mismo tiempo nos contagiamos de algo de sus modales, conductas y maneras de pensar. Solo el tiempo mostrará cuánto le debemos a nuestras primeras impresiones, y cuántas cosas en nosotros pueden identificarse como

---

2   «Ha visto poco de la vida el que no discierne por completo el efecto de la educación sobre las opiniones y maneras de pensar de los hombres. Los niños aprenden en la cuna aquello que van revelando a lo largo de sus vidas». Richard Cecil.

semillas sembradas por los que nos rodeaban en los días de nuestra infancia. John Locke, un erudito inglés, ha dicho: «Que nueve de diez hombres que encontramos, le deben lo que son, buenos o malos, útiles o no, a su educación».

◇◇

UNA VEZ QUE SE LES ESCAPE DE LAS MANOS, LA HABRÁN PERDIDO PARA SIEMPRE

Y todo es uno de los arreglos misericordiosos de Dios. Él les da a sus hijos una mente que recibirá impresiones como arcilla húmeda. Les da al comienzo de la vida una disposición a creer lo que ustedes les digan y de creer que los aconsejan bien y de confiar en su palabra y no en la de un desconocido. Les da, en suma, una oportunidad preciosa de hacerles bien. Asegúrense de no descuidar o desaprovechar esa oportunidad. Una vez que se les escape de las manos, la habrán perdido para siempre.

◇◇

LA OBEDIENCIA ES LA MANERA CÓMO NOS DA SU BENDICIÓN

Guárdense del deleznable error en que han caído algunos, que los padres no pueden hacer nada por sus hijos, que no se les debe molestar, que se debe esperar la gracia y estar quietos. Estas personas tienen para sus hijos deseos como los de Balaam, les gustaría verlos morir la muerte del hombre justo, pero nada hacen para hacerlos vivir su vida. Desean mucho y no tienen nada. Y el diablo se regocija al ver tal razonamiento, como siempre lo hace por cualquier cosa que parezca excusar la indolencia o promover el descuido de las cosas de Dios.

Sé que uno no puede convertir a su hijo. Sé muy bien que los que nacen de nuevo, nacen no por voluntad de hombre, sino de Dios. Pero sé también que Dios dice expresamente: «*Instruye al niño en su carrera»*, y que nunca ha dado al hombre un mandato sin darle la gracia para cumplirlo. Y sé, también, que nuestro deber no es quedarnos de brazos cruzados y discutir, sino marchar hacia adelante y obedecer. Solo al marchar hacia adelante se encontrará Dios con nosotros. La senda de la obediencia es la manera cómo nos da su bendición. Tenemos sencillamente que hacer lo que a los siervos se les ordenó hacer en la fiesta de la boda en Caná: llenar las vasijas de agua, y podemos dejar, sin titubear, que el Señor convierta el agua en vino.

Capítulo 4

INSTRUYAN CON
ESTE PENSAMIENTO
CONTINUAMENTE ANTE
SUS OJOS, QUE EL ALMA
DE SU HIJO ES LO PRIMERO
A CONSIDERAR

Preciosos son, sin duda, estos pequeños ante sus ojos; pero si los aman, piensen con frecuencia en sus almas. Nada debe interesarles tanto como sus intereses eternos. Nada de ellos les debe ser más preciado que aquella parte que nunca morirá. El mundo, con toda su gloria, pasará; los montes se derretirán; los cielos se enrollarán como un pergamino; el sol dejará de brillar. Pero el espíritu que mora en esas pequeñas criaturas que aman tanto los sobrevivirá y, si será con felicidad o infelicidad (humanamente hablando) depende de ustedes.

Este es el pensamiento que debe prevalecer en su mente en todo lo que hagan por sus hijos. En cada paso que den relacionado con ellos, en cada plan y actividad, y plan que los concierne, no excluyan la poderosa pregunta: «¿Cómo afectará sus almas?».

◇◇

LA MODA DE ESTE MUNDO ES PASAJERA

El amor al alma es el alma de todo amor. Mimarlo y consentirlo, y darle todos los gustos a su hijo, como si el mundo fuera lo único que tuviera que tener en cuenta, y esta vida la única razón para ser feliz no es verdadero amor, sino crueldad. Es tratarlo como una bestia del campo, que tiene solo un mundo en el cual vivir y nada después de la muerte. Es ocultarle esa gran verdad, que debería aprender desde su misma infancia: que el fin principal de su vida es la salvación de su alma.

El verdadero cristiano no debe ser esclavo de la moda, si es que quiere instruir a su hijo para el cielo. No debe contentarse con hacer las cosas meramente porque son la costumbre del mundo; enseñarle e instruirle en ciertas formas meramente porque es lo usual; dejarle leer libros cuestionables meramente porque todos los leen; dejarle formar hábito de tendencias dudosas meramente porque son los hábitos del momento. Debe instruir considerando el alma de su hijo. No debe avergonzarse al oír que su instrucción es llamada singular y extraña. ¿Qué si lo es? El tiempo es breve y la moda de este mundo es pasajera. El que instruye a sus hijos para el cielo más bien que para la tierra, para Dios más bien que para el hombre, es el padre de familia que, al final, será llamado sabio.

Capítulo 5

Instruyan a su hijo en el conocimiento de la Biblia

No pueden obligar a sus hijos a amar la Biblia, lo admito. Nadie aparte del Espíritu Santo nos puede dar un corazón que se deleite en Su Palabra. Pero pueden familiarizar a sus hijos con la Biblia; y pueden estar seguros de que es imposible familiarizarse con ese bendito libro demasiado temprano y demasiado bien.

Un conocimiento profundo de la Biblia es el fundamento de los conceptos claros sobre religión. El que está bien basado en ella, por lo general no dudará ni será llevado de aquí para allá por todo viento de doctrina. Todo sistema de instrucción que no le otorgue al conocimiento de las Escrituras el primer lugar es inseguro y defectuoso.

◇◇◇

CUIDEN DE QUE SUS HIJOS LEAN LA BIBLIA CON REVERENCIA

Tienen que tener cuidado en este punto justamente ahora, porque el diablo anda suelto y abundan los errores. Los vemos entre algunos de nosotros que damos a la iglesia el honor que le debemos a Cristo. Los vemos entre los que hacen de los sacramentos salvadores y pasaportes a la vida eterna. Y los vemos igualmente en los que honran un catecismo más que a una Biblia, o llenan la mente de sus hijos con miserables libritos de cuentos en lugar de las Escrituras que contienen la verdad. Pero si aman a sus hijos, dejen que la sencilla Biblia sea todo en la instrucción de sus almas; y que los demás libros pasen a un segundo plano.

Que no les importe tanto que sean gigantes en

el catecismo, sino gigantes en las Escrituras. Esta es la instrucción, créanme, que Dios honra. El salmista dice de ella: «*has hecho magnífico tu nombre, y tu dicho sobre todas las cosas*». *(Salmos 138.2)* y creo que Él otorga una bendición especial a todos los que procuran magnificar su Palabra entre los hombres.

Cuiden de que sus hijos lean la Biblia con reverencia. Enséñenles que la consideren, no como la palabra de hombres, sino como lo es en verdad, la Palabra de Dios, escrita por el Espíritu Santo mismo: de toda verdad, de todo provecho y capaz de hacernos sabios para salvación por la fe que es en Cristo Jesús.

Cuiden de que la lean con regularidad. Enséñenles que la consideren el alimento espiritual de su alma: como algo esencial para la salud diaria de su alma. Sé muy bien que no pueden hacer que esto sea más que una forma de proceder; pero quién sabe cuántos pecados ha podido evitar indirectamente una mera forma de proceder.

Cuiden de que la lean toda. No deben temer exponerlos a cualquier doctrina bíblica. No supongan que las principales doctrinas del cristianismo son cosas que los niños no pueden entender. Los niños comprenden mucho más de la Biblia de lo que podemos suponer.

Háblenles del pecado, de su culpabilidad, sus consecuencias, su poder, su maldad: descubrirán que pueden entender algo de esto.

Háblenles del Señor Jesucristo y de su obra para nuestra salvación; sobre la expiación, la cruz, la sangre, el sacrificio y la intercesión: descubrirán que hay algo en todo esto que pueden entender.

Háblenles de la obra del Espíritu Santo en el corazón del hombre, cómo Él cambia, renueva, santifica y purifica: pronto verán que algo pueden entender. En resumen, sospecho que no tenemos idea de cuánto un niño puede captar sobre lo largo y ancho del glorioso evangelio. Comprende mucho más de estas cosas que lo que pensamos.[3]

Llenen su mente de las Escrituras. Dejen que la Palabra more en ellos ricamente. Denles una Biblia, la Biblia entera, incluso desde pequeños.

---

3   No puede establecerse una regla general en cuanto a la edad cuando debe comenzar la instrucción religiosa del niño. La mente parece abrirse en algunos niños mucho antes que en otros. Rara vez empezamos demasiado pronto. Existen ejemplos maravillosos de lo que puede lograr un niño, aun a los tres años.

Capítulo 6

INSTRÚYANLOS EN EL HÁBITO DE LA ORACIÓN

La oración es el aliento de vida mismo de la verdadera religión. Es una de las primeras evidencias de que alguien ha nacido de nuevo. *«Porque he aquí»*, dijo el Señor acerca de Saulo el día que lo envió a Ananías, *«Porque he aquí, él ora». (Hechos 9.11)* Había empezado a orar, y eso era prueba suficiente.

La oración fue la marca distintiva del pueblo de Dios el día que empezó a haber separación entre ellos y el mundo. *«Entonces los hombres comenzaron a llamarse del nombre de Jehová». (Génesis 4.26)*

La oración es la característica de todos los verdaderos cristianos en la actualidad. Oran, porque le cuentan a Dios sus necesidades, sus sentimientos, sus anhelos, sus temores; y lo hacen con sinceridad. El cristiano nominal puede repetir oraciones, y hasta buenas oraciones, pero no pasa de allí.

La oración es el momento decisivo en el alma del hombre. Nuestro ministerio es inútil, y nuestra obra en vano, mientras no doblen rodillas. Hasta entonces, no hay esperanza para ustedes.

La oración es el gran secreto de la prosperidad espiritual. Cuando existe abundante comunión privada con Dios, su alma crecerá como el pasto después de la lluvia; cuando existe poca, todo se detendrá, apenas mantendrán su alma con vida. Muéstrenme un cristiano que crece, un cristiano que marcha adelante, un cristiano fuerte, un cristiano que prospera, y estoy seguro de que es alguien que habla frecuentemente con su Señor. Pide mucho, y tiene mucho. Le cuenta todo a Jesús y, en consecuencia, siempre sabe cómo actuar.

La oración es el motor más potente que Dios ha puesto en nuestras manos. Es la mejor arma para usar en cualquier dificultad, y el remedio seguro para cualquier problema. Es la llave que abre el tesoro de Sus promesas, y la mano que imparte gracia y ayuda en el momento de necesidad. Es la trompeta de plata que Dios nos ordena hacer sonar en todas nuestras necesidades, y es el clamor que ha prometido siempre oír, como una madre amorosa oye la voz de su hijo.

LA ORACIÓN ES EL MOMENTO DECISIVO EN EL ALMA DEL HOMBRE

La oración es el medio más sencillo que el hombre puede usar para acercarse a Dios. Está al alcance de todos, es decir, del enfermo, del anciano, del débil, del paralítico, del ciego, del pobre, del iletrado: todos pueden orar. De nada les sirve argumentar mala memoria, mínima educación, escasos libros o falta de conocimiento en esta cuestión. Mientras tengan labios para contar del estado de su alma, pueden y deben orar. Aquellas palabras: *«no tenéis lo que deseáis, porque no pedís»* serán de terrible condenación para muchos en el día del juicio. *(Santiago 4.2)*

◇◇

Muéstrenles cómo empezar
Explíquenles qué decir

Padres, si aman a sus hijos, hagan todo lo que está dentro de su alcance para instruirlos en el hábito de la oración. Muéstrenles cómo empezar. Explíquenles qué decir. Anímenlos a perseverar. Si la descuidan y desatienden, recuérdenles que deben orar. Por lo menos, que no sea culpa de ustedes si nunca claman al Señor.

Este, recuerden, es el primer paso en la religión que el niño puede tomar. Mucho antes de saber leer, pueden enseñarle a arrodillarse junto a su madre y repetir las sencillas palabras de oración y alabanza que ella le ponga en la boca. Y así como los primeros pasos en cualquier tarea son los más importantes, lo es la manera en la que expresan las oraciones sus hijos, un punto que merece su máxima atención. Pocos parecen saber cuánto depende de esto. Tengan cuidado de que no se acostumbren a decirlas de una manera apurada, descuidada e irreverente. Y de no darles el cargo de la supervisión de este asunto a sirvientes y ayas, o de confiar demasiado en que sus hijos lo hagan por sí solos. La madre que nunca se ocupa ella misma de esta parte importante de la vida cotidiana de su hijo no es digna de elogio. Si hay un hábito que ustedes mismos deben ayudar a cultivar, es el de la oración. Créanme, si nunca oyen orar a sus hijos, tienen mucha parte de culpa. Serán apenas más prudentes que el ave descrita en Job: «*El cual desampara en la tierra sus huevos, y sobre el polvo los calienta, y olvídase de que los pisará el pie, y que los quebrará bestia del campo. Endurécese para con sus hijos, como si no fuesen suyos, no temiendo que su trabajo haya sido en vano». (Job 39.14–16)*

La oración es, entre todos los hábitos, el que recordamos más tiempo. Muchos hombres ya con canas podrían contarles cómo su madre solía hacerlos orar en los días de su niñez. Quizá hayan olvidado otras cosas: la iglesia donde los llevaban al culto, el pastor cuya predicación escuchaban, los amigos con quienes jugaban; todos estos, posiblemente, ya ni los recuerden ni dejaron marca en ellos. Con frecuencia podrán decirles dónde se arrodillaban y lo que les enseñaron a decir y aun el aspecto de su madre en esos momentos. Lo recordarán como si hubiera sido ayer.

Lector, si amas a tus hijos, te encomiendo que no dejes que el tiempo de la siembra del hábito de orar pase sin haberlo atendido. Si instruyes a tus hijos en algo, instrúyelos, por lo menos, en el hábito de la oración.

Capítulo 7

Instrúyanlos en el hábito de ser diligentes y de asistir con regularidad a los cultos de adoración

Háblenles del deber y privilegio de ir a la casa de Dios y de sumarse a las oraciones de la congregación. Explíquenles que dondequiera se reúne el pueblo del Señor, el Señor Jesús está presente de un modo especial, y que los ausentes, como le sucedió al apóstol Tomás, pueden esperar perderse una bendición. Háblenles de la importancia de escuchar la predicación de la Palabra, y que es un decreto de Dios para convertir, santificar y edificar las almas de los hombres. Cuéntenles cómo el apóstol Pablo nos insta a *«no dejar de congregarnos, como algunos tienen por costumbre»*;

sino a exhortarnos y motivarnos unos a otros a reunirnos, y tanto más, al ver que aquel día se acerca. *(Hebreos 10.25)*

◇◇◇

MIENTRAS ESTÉN BAJO SU TECHO ES LA REGLA DE LA CASA

Es un cuadro triste cuando en la iglesia nadie más que los ancianos se acerca a la mesa del Señor y que los jóvenes y señoritas se apartan de ella. Pero es un cuadro más triste aún cuando no se ven niños en la iglesia, excepto los que concurren a la escuela dominical, obligados a asistir. No sean culpables de esto. Hay muchos niños y niñas en todas las parroquias, además de los que concurren a la escuela dominical, y ustedes que son sus padres y amigos deberían ocuparse de que vayan a la iglesia.

No permitan que se críen con la costumbre de dar vanas excusas por no asistir. Háganles entender bien que mientras estén bajo su techo es la regla de la casa que todos los que gozan de buena salud honren la casa del Señor y que ustedes piensan que aquel que no guarda el día de reposo es asesino de su propia alma.

Ocúpense también, si pueden concertarlo, de que sus hijos los acompañen al culto y se sienten cerca de ustedes. Ir al culto es una cosa, pero portarse bien en la iglesia es muy otra. Y, créanme, no hay mejor seguridad de buena conducta que tenerlos a la vista.

La mente de los jóvenes se distrae fácilmente

La mente de los jóvenes se distrae fácilmente y no mantiene su atención, y debe usarse todo medio posible para contrarrestar esa situación. No me gusta verlos llegar a la iglesia solos, pues con frecuencia se juntan con malas compañías y, por lo tanto, aprenden más cosas malas en el día del Señor que en el resto de la semana... tampoco me gusta ver lo que llamo «un rincón de los jóvenes» en la iglesia. Muchas veces adquieren allí hábitos de inatención e irreverencia que lleva años corregir, si es que se puede. Lo que me gusta ver es la familia entera sentada, ancianos y jóvenes, lado a lado: hombres, mujeres y niños que sirven a Dios en familia.

◇◇◇

LA FAMILIA ENTERA SENTADA, ANCIANOS Y JÓVENES, LADO A LADO

Pero hay algunos que dicen que es inútil instar a los niños a asistir a los cultos porque no los entienden.

No quiero que presten atención a tal razonamiento. No encuentro doctrina tal en el Antiguo Testamento. Cuando Moisés se presenta ante Faraón *(Éxodo 10.9)*, noto que dice: «*Hemos de ir con nuestros niños y con nuestros viejos, con nuestros hijos y con nuestras hijas... porque tenemos solemnidad de Jehová*». Cuando Josué leyó la ley *(Josué 8.35)*, noto que dice: «*No hubo palabra alguna de todas las cosas que mandó Moisés, que Josué no hiciese leer delante de toda la congregación de Israel, mujeres y niños, y extranjeros que andaban entre ellos*». «*Tres veces en el año*», dice *Éxodo 34.23*, «*será visto todo varón tuyo delante del Señoreador Jehová, Dios de Israel*». Y cuando busco en el Nuevo Testamento encuentro allí a niños participando de los actos públicos religiosos igual que en el Antiguo. Cuando Pablo se despedía de los discípulos en Tiro, noto que dice *(Hechos 21.5)*: «*Salimos acompañándonos todos, con sus mujeres e hijos, fuera de la ciudad; y puestos de rodillas en la ribera, oramos*».

Samuel, en los días de su niñez, parece haber ministrado al Señor un tiempo antes de conocerlo realmente: «*Y Samuel no había conocido aún a Jehová, ni la palabra de Jehová le había sido revelada*». *(1 Samuel 3.7)* Los apóstoles mismos no parecieron entender en el momento todo lo que nuestro Señor decía. *«Estas cosas no las entendieron sus discípulos de primero: empero cuando Jesús fue glorificado, entonces se acordaron de que estas cosas estaban escritas de él». (Juan 12.16)*

Padres, reconforten su mente con estos ejemplos. No se desalienten porque sus hijos por el momento no comprenden plenamente el valor de los medios de la gracia. Instrúyanlos sencillamente a adquirir el hábito de asistir con regularidad. Preséntenlo ante sus mentes como un deber elevado, santo y solemne y, créanme, el día vendrá cuando ellos los bendecirán por haberlo hecho.

Capítulo 8

Instrúyanlos en el hábito de la fe

Quiero decir con ello que deben instruirlos a creer lo que ustedes dicen. Deben tratar de hacerles sentir confianza en su discernimiento, y respetar su opinión, considerándola, mejor que la de ellos mismos. Deben acostumbrarlos a creer que, cuando les dicen que algo les es malo, ha de serlo, y cuando les dicen que algo les es bueno, ha de serlo también; en suma, que lo que ustedes saben es mejor que lo que ellos saben, y que pueden confiar implícitamente en su palabra. Enséñenles a sentir que lo que no saben ahora, probablemente lo sabrán en el futuro y a sentirse seguros de que hay una razón y un motivo para todo lo que ustedes les exigen que hagan. ¿Quién puede realmente describir la bendición de un verdadero espíritu de fe? O, más bien, ¿quién puede saber la miseria que la falta de fe ha acarreado al mundo? La falta de fe provocó que Eva comiera del fruto prohibido; ella dudó de la veracidad de la palabra de Dios: «*Ciertamente morirás*». La falta de fe provocó que el viejo mundo rechazara las advertencias de Noé y, por ende, muriera en pecado. La falta de fe mantuvo a Israel en el desierto, fue la barrera que le impidió entrar en la tierra prometida; la falta de fe provocó que los judíos crucificaran al Señor de gloria, no creyeron la voz de Moisés y de los profetas, aunque se las leyeran a diario; y la falta de fe es el pecado que reina en el corazón del hombre hasta su último momento: falta de fe en las promesas de Dios, falta de fe en las advertencias de Dios, descreimiento del peligro que nosotros mismos corremos y falta de fe en todo lo que se opone al orgullo y la mundanalidad de nuestro corazón inicuo. Lector, instruyes a tus hijos en vano si no los instruyes en el hábito de tener una fe implícita: fe en la palabra de sus padres y seguridad de que lo que dicen sus padres tiene que ser correcto.

◇◇

LA FALTA DE FE ES EL PECADO QUE REINA EN EL CORAZÓN

He oído que algunos dicen que uno no debe exigirles a los niños lo que no pueden comprender, que deben explicar y dar una razón para todo lo que desean que hagan. Les advierto solemnemente contra tal noción. Les digo claramente que es un principio podrido y sin fundamento. Sin duda es absurdo hacer un misterio de todo lo que hacen, y hay muchas cosas que es bueno explicarles a los niños a fin de que puedan ver que son razonables y sabias. Pero criarlos con la idea de que no deben aceptar nada por fe, que ellos, con su comprensión débil e imperfecta, deben recibir una aclaración sobre el «porqué» de todo en cada paso que den es ciertamente un error terrible, y probablemente tenga el peor de los efectos sobre su mente.

◇◇

SOLO UN NIÑO: QUE PIENSA COMO NIÑO, QUE ENTIENDE COMO NIÑO

Razonen con su hijo si quieren, en ciertos momentos, pero nunca se olviden de hacerle recordar (si realmente lo aman) que después de todo es solo un niño: que piensa como niño, que entiende como niño y que, por lo tanto, no puede esperar saber la razón de todo de una sola vez.

Preséntenle el ejemplo de Isaac el día en que Abraham lo llevó al monte Moriah para ofrecerlo en holocausto. *(Véase Génesis 22).*

Le preguntó a su padre una sola pregunta: «*¿Dónde está el cordero para el holocausto?*» Y no recibió más respuesta que esta: «*Dios se proveerá de cordero*». Cómo, o dónde, cuándo o por qué medios, nada de esto le dijo a Isaac; pero la respuesta bastó. Creyó que todo andaría bien porque su padre se lo dijo, y quedó satisfecho.

Díganles a sus hijos, también, que todos tenemos que ser aprendices en nuestros comienzos, que hay un alfabeto que dominar en todo tipo de conocimiento, que el mejor caballo del mundo alguna vez tiene que ser domado, que el día vendrá cuando comprenderán el fundamento de toda su instrucción. Pero mientras tanto, si ustedes dicen que algo es correcto, eso debe bastarles; tienen que creerles y quedar satisfechos.

Padres, si en algún punto la instrucción es importante, es en este. Les encomiendo, por el afecto que sienten por sus hijos, que usen todos los medios para instruirlos en el hábito de la fe.

Capítulo 9

Instrúyanlos en el hábito de la obediencia

Este es un objetivo digno de alcanzar, no importa el esfuerzo que exija. Ningún hábito, sospecho, tiene tanta influencia sobre nuestra vida como este. Padres, propónganse que sus hijos les obedezcan, aunque pueda costarles mucho trabajo, razonamientos, discusiones, demoras y malos modales al contestar. Cuando les ordenen algo, háganles ver claramente su decisión firme de que lo hagan.

La obediencia es la única realidad. Es la fe visible, la fe en acción y la fe encarnada. Es la prueba del verdadero discipulado entre el pueblo de Dios. «*Vosotros sois mis amigos, si hiciereis las cosas que yo os mando». (Juan 15.14)* Hacer lo que fuere que sus padres les ordenen debe ser la característica de niños bien enseñados. ¿Dónde, en verdad, está la honra que el quinto mandamiento ordena, si padres y madres no son obedecidos alegremente, con buena disposición y en el acto?

◇◇

LA OBEDIENCIA TEMPRANA ES RESPALDADA EN TODAS LAS ESCRITURAS

La obediencia temprana es respaldada en todas las Escrituras. La virtud se elogia en Abraham, ya que no meramente instruye a su familia, sino que *«mandará a sus hijos y a su casa después de sí». (Génesis 18.19)* El Señor Jesucristo mismo, cuando *«descendió con ellos [María y José]… estaba sujeto a ellos». (Lucas 2.51)* Observen cómo José obedeció implícitamente la orden de su padre Jacob. *(Véase Génesis 37.13).* Observen cómo

Isaías se refiere a la desobediencia como algo malo, cuando dice: «*el mozo se levantará contra el viejo*». *(Isaías 3.5)* Noten cómo el apóstol Pablo menciona la desobediencia a los padres como una de las señales malas de los postreros días. *(Véase 2 Timoteo 3.2)*. Noten cómo destaca esta gracia de exigir obediencia diciendo que es una cualidad que debe adornar al ministro cristiano: El obispo «*Que gobierne bien su casa, que tenga sus hijos en sujeción con toda honestidad*». Y nuevamente: «*Los diáconos... que gobiernen bien sus hijos y sus casas*». *(1 Timoteo 3.4, 12)* Y una vez más, los ancianos «*que tengan hijos fieles que no estén acusados de disolución, o contumaces*». *(Tito 1.6)*

◇◇◇

ENSEÑARLES A OBEDECER CUANDO LES HABLEN

Padres, ¿quieren ver felices a sus hijos? Ocúpense, entonces, de enseñarles a obedecer cuando les hablen, a hacer lo que se les manda.

Créanme, no hemos sido hechos para ser del todo independientes: no somos aptos para ello. Aun los que gozan de libertad en Cristo tienen un yugo que cargar: «*al Señor Cristo servís*». *(Colosenses 3.24)* Los niños deben aprender lo más pronto posible que este no es un mundo al cual vinimos a mandar, y que no estamos en el lugar que nos corresponde hasta no haber aprendido a obedecer. Enséñenles a obedecer mientras son pequeños, en caso contrario se rebelarán contra Dios toda su vida, y se agotarán con la vana idea de estar al margen de su control.

◇◇◇

SI AMAN A SUS HIJOS, SEA LA OBEDIENCIA EL LEMA

Lector, esta sugerencia es sumamente necesaria. Podrás ver a muchos en esta época que permiten a sus hijos escoger y pensar por sí mismos antes de tener capacidad de hacerlo, y aun justifican su desobediencia, como si fuera algo que no debe condenarse. A mi parecer, el padre que siempre cede y el hijo que siempre hace lo que quiere ofrecen un cuadro doloroso, porque veo el orden de las cosas designado por Dios, invertido y al revés; y también porque estoy seguro de que el carácter de ese niño al final se caracterizará por obstinación, orgullo y engreimiento. No te sorprendas de que los hombres se nieguen a obedecer a su Padre que está en los cielos, si los dejas, de niños, desobedecer a su padre que está en la tierra.

Padres, si aman a sus hijos, sea la obediencia el lema y la consigna permanente ante sus ojos.

Capítulo 10

INSTRÚYANLOS EN EL HÁBITO DE DECIR SIEMPRE LA VERDAD

Decir la verdad es mucho menos común en este mundo de lo que pareciera a primera vista. Toda la verdad, y nada más que la verdad, es la regla de oro que muchos harán bien en recordar. La mentira y prevaricación son pecados viejos. El diablo fue padre de ellos, engañó a Eva con una mentira audaz y, desde la caída, es un pecado contra el cual todos los hijos de Eva necesitan mantenerse en guardia.

¡Piensen sencillamente en cuántas mentiras y engaños hay en el mundo! ¡Cuántas exageraciones! ¡Cuántos agregados se hacen a una simple historia! ¡Cuántas cosas se omiten, si no le convienen al que habla! ¡Qué pocos hay a nuestro alrededor de los que podemos decir, que confiamos sin vacilación en su palabra! Los persas eran sabios en su generación: era un punto principal en ellos educar a sus hijos de modo que aprendieran a decir la verdad. ¡Qué prueba horrible de la pecaminosidad natural del hombre es el hecho de que sea necesario siquiera mencionar tal punto!

ÉL NUNCA SE DESVÍA DE LA SENDA RECTA

Lector, quiero que notes con cuánta frecuencia el Antiguo Testamento se refiere a Dios como el Dios de la verdad. La verdad parece sernos presentada como una característica importante en el carácter de aquel con quien tenemos que vernos. Él nunca se desvía de la senda recta. Aborrece la mentira y la hipocresía. Trata siempre de recordarles esto a tus hijos. No dejes de recalcarles que cualquier cosa menos que la verdad es una mentira; que las evasivas, las excusas y las exageraciones son etapas intermedias hacia lo que es falso y deben evitarse. Exhórtales a ser francos en toda circunstancia y, cueste lo que les cueste, que digan la verdad.

Te expongo el tema, no solo por el carácter de tus hijos en el mundo, aunque podría explayarme en ello; insisto más bien para tu propio consuelo y ayuda en tus tratos con ellos. Descubrirás que es realmente de gran ayuda en tu trato con ellos. Incidirá mucho en prevenir el hábito de ocultación, que desgraciadamente prevalece a veces entre los niños. La candidez y franqueza dependen mucho del trato del padre en este aspecto de nuestra infancia.

Capítulo 11

INSTRÚYANLOS EN EL HÁBITO DE APROVECHAR SIEMPRE EL TIEMPO

La ociosidad es la mejor amiga del diablo. Es la manera más segura de darle una oportunidad para perjudicarnos. Una mente ociosa es como una puerta abierta, y si Satanás mismo no entra por ella, lo seguro es que arrojará algo adentro para generar malos pensamientos en nuestra alma.

Nada fue creado con la intención de que fuera ocioso. El servicio y el trabajo es la porción encomendada a cada criatura de Dios. Los ángeles en el cielo trabajan: son los siervos activos del Señor y hacen siempre Su voluntad. Adán, en el paraíso, tenía trabajo pues tenía que labrarlo y guardarlo. Los santos redimidos en gloria tienen trabajo: «*y no tenían reposo día ni noche*». *(Apocalipsis 4.8)* Cantan alabanzas y le dan gloria a aquel que los compró. Y el hombre, el hombre débil, pecador, tiene que tener algo que hacer, si no, su alma pronto enfermará. Tenemos que tener las manos llenas y la mente ocupada en algo; si no, nuestra imaginación pronto concebirá y maquinará el mal.

Y lo que es cierto de nosotros, lo es también de nuestros hijos. ¡Ay, sí, del hombre que no tiene nada que hacer! Los judíos consideraban la ociosidad decididamente como pecado: era su ley que todo hombre criara a su hijo enseñándole un oficio útil, y tenían razón. Conocían el corazón del hombre mejor de lo que aparentemente lo conocemos nosotros.

La ociosidad hizo de Sodoma lo que fue. «*He aquí que esta fue la maldad de Sodoma tu hermana: soberbia, hartura de pan, y abundancia de ociosidad tuvo ella*». *(Ezequiel 16.49)* La ociosidad tuvo mucho que ver con el terrible pecado de David con la esposa de Urías. Veo en 2 Samuel 11 que Joab salió a guerrear contra los amonitas: «*mas David se quedó en Jerusalem*». ¿No fue eso ociosidad? Y fue entonces que vio a Betsabé, y el próximo paso que leemos es de su caída tremenda y espantosa.

◇◇◇

LO QUE ES CIERTO DE NOSOTROS, LO ES TAMBIÉN DE NUESTROS HIJOS

Ciertamente, creo que la ociosidad ha llevado a más pecados que cualquier otro hábito que pudiéramos mencionar. Sospecho que es la madre de muchas obras de la carne: la madre del adulterio, fornicación, embriaguez y muchas otras obras de las tinieblas que no son dignas de mencionar. Lo dejo a su conciencia que les indique si digo la verdad. Estaban ociosos, y enseguida el diablo llamó a su puerta y entró.

Y no me cabe la menor duda: todo en el mundo a nuestro alrededor parece enseñarnos la misma lección. Es el agua mansa la que se estanca y pudre: el agua que fluye siempre está clara. Si tienen un vehículo, lo tienen que arrancar o pronto se descompondrá. Si tienen un caballo, lo tienen que ejercitar; nunca está tan bien como cuando está trabajando regularmente. Si quieren gozar de buena salud, tienen que hacer ejercicio. Si siempre están sentados, su cuerpo tarde o temprano se quejará. Y sucede lo mismo con su alma. La mente activa, en movimiento, es un blanco esquivo para el diablo. Traten de estar siempre llenos de trabajo útil y, de esta manera, a su enemigo le será difícil encontrar lugar para sembrar cizaña.

Lector, te pido que presentes estas cosas a tus hijos. Enséñales el valor del tiempo y trata de hacerles aprender su buen uso. Me duele ver a niños ociosos con lo que tienen entre manos, sea lo que fuere. Me encanta verlos diligentes y activos, poniendo todo su empeño en lo que hacen, como en sus lecciones cuando tienen que aprender e incluso en su entretenimiento cuando juegan.

ENSÉÑALES EL VALOR DEL TIEMPO

Entonces, si los amas de verdad, que la ociosidad sea vista como un pecado en tu familia.

Capítulo 12

Instrúyanlos con un temor constante de no ser demasiado indulgentes

Este es el punto que más tienen que vigilar. Es natural ser tierno y afectuoso con su propia carne y sangre, y es al exceso de estos afectos que deben temer. Guárdense de que no los cieguen las faltas de sus hijos o los vuelvan sordos a todo consejo sobre ellos. Guárdense de que no les hagan pasar por alto la mala conducta, de no sentir el dolor de tener que castigarlos y corregirlos.

Sé muy bien que el castigo y la corrección son cosas desagradables. Nada es más molesto que causarles dolor a los que amamos, hacerlos llorar. Pero mientras los corazones sean lo que son, es inútil suponer, como regla general, que se pueda criar a los hijos sin tener que corregirlos.

Consentir es una palabra muy expresiva y, lamentablemente, llena de significado. Ahora bien, la manera más fácil de consentir a los hijos es dejar que se salgan con la suya, es decir, dejarlos hacer lo incorrecto y no castigarlos por ello. Créanme, no lo hagan, sea cual fuere el dolor que les cause, a menos que quieran arruinar el alma de sus hijos.

No pueden decir que las Escrituras no tratan expresamente el tema: «*El que detiene el castigo, a su hijo aborrece: mas el que lo ama, madruga a castigarlo*». *(Proverbios 13.24)* «*Castiga a tu hijo en tanto que hay esperanza; mas no se excite tu alma para destruirlo*». *(Proverbios 19.18)* «*La necedad está ligada en el corazón del muchacho; mas la vara de la corrección la hará alejar de él*». *(Proverbios 22.15)* «*No rehúses la corrección del muchacho: porque si lo hirieres con vara, no morirá. Tú lo herirás con vara, y librarás su alma del infierno*». *(Proverbios 23.13, 14)* «*La vara y la corrección dan*

sabiduría: mas el muchacho consentido avergonzará
a su madre». «Corrige a tu hijo, y te dará descanso,
y dará deleite a tu alma». (Proverbios 29.15, 17)

◇◇

EL MUCHACHO CONSENTIDO AVERGONZARÁ A SU MADRE

¡Qué fuertes y contundentes son estos pasajes!
¡Qué triste es el hecho de que muchas familias
cristianas parecen desconocerlos! Sus hijos
necesitan represión, pero rara vez la reciben;
necesitan corrección pero rara vez se usa. El
libro de Proverbios no es obsoleto e inadecuado
para el cristiano pues fue inspirado por Dios
y es provechoso. Nos ha sido dado para que
aprendamos, tal como nos fueron dadas las
epístolas a los Romanos y a los Efesios. Es seguro
que el creyente que cría a sus hijos sin atender
su consejo pretende ser más sabio que lo que
allí está escrito, y se equivoca rotundamente.

Padres y madres, se los digo sin ambages: si

nunca castigan a sus hijos cuando han faltado en algo, les están haciendo un mal terrible. Les advierto que esta es la piedra con la que han tropezado los santos de Dios de todas las épocas, ocasionando desastres. Les insto a ser sabios a tiempo y que la eviten. Vean el caso de Elí. Sus hijos Ophni y Phinees «*se han envilecido, y él no los ha estorbado*». Apenas si les dio una débil y tibia reprimenda, cuando debió haberlos reprendido fuertemente. O sea que honró a sus hijos más que a Dios. ¿Y cuál fue el resultado final? Vivió para oír de la muerte de sus dos hijos en batalla, y descendió con dolor a la sepultura. (*Véase 1 Samuel 2.22–29, 3.13*).

Vean también el caso de David. ¿Quién puede leer sin dolor la historia de sus hijos y de sus pecados? El incesto de Amnón, el homicidio que cometió Absalón y su soberbia rebelión, la ambición maquinadora de Adonía: estas fueron heridas realmente dolorosas que tuvo que recibir de su propia familia el hombre conforme al corazón de Dios. Pero, ¿tenía él algo de culpa? Sin duda que sí. Encuentro la clave de todo en el relato de Adonía en *1 Reyes 1.6*: «*su padre nunca lo entristeció en todos sus días con decirle: ¿Por qué haces así?*». Ese fue la raíz de todo el problema. David era un padre demasiado indulgente: un padre que dejaba que sus hijos hicieran lo que se les antojara, y así cosechó lo que había sembrado.

◇◇◇

Tengan cuidado de no ser demasiado indulgentes

Padres, les ruego, por sus hijos, que tengan cuidado de no ser demasiado indulgentes. Les insto a que recuerden que su primer deber es reflexionar sobre lo que a ellos realmente les conviene, y no sus antojos y gustos; instruirlos, no consentirlos; beneficiarlos, no meramente complacerlos.

No deben ceder a cada deseo y capricho que se le ocurre a su hijo, no importa cuánto lo amen. No deben dejarle suponer que su voluntad es suprema, y que apenas desee algo le será hecho. Les ruego que no conviertan a sus hijos en ídolos, no sea que Dios se los lleve y rompa sus ídolos, aunque sea para convencerles de su necedad.

◇◇◇

APRENDAN A DECIRLE «NO» A SUS HIJOS

Aprendan a decirle «No» a sus hijos. Muéstrenles que pueden negarles lo que consideran inapropiado para ellos. Muéstrenles que están dispuestos a castigar la desobediencia, y que cuando hablan de castigo, no solo están dispuestos a amenazar, sino también a cumplir. No amenacen demasiado.[4] La gente amenazada y las faltas

---

4   Algunos padres y ayas tienen la costumbre de decir: «Niño malo» al niño o niña en cualquier ocasión, muchas veces sin una buena razón. Es una costumbre insensata. No se deben usar palabras que culpan sin tener una razón valedera.

amenazadas tienen larga vida. Castiguen con poca frecuencia, pero háganlo de verdad y en serio. El castigo frecuente y leve es de veras un sistema espantoso.[5]

◇◇

CUÍDENSE DE NO PASAR POR ALTO LAS FALTAS PEQUEÑAS

Cuídense de no pasar por alto las faltas pequeñas, con la idea de que «es algo insignificante». No hay insignificancias en la instrucción de los hijos: todas son importantes. Las malezas pequeñas tienen que ser arrancadas como cualquier otra. No las tengan en cuenta y pronto crecerán.

---

5   En cuanto a la mejor manera de castigar a un niño, no se puede establecer una regla general. El carácter de los niños varía de uno a otro: lo que sería un castigo severo para uno, no sería castigo para otro. Solo ruego que tengan en cuenta mi enérgica protesta contra la noción moderna que ningún niño debe recibir una zurra. Sin duda algunos padres usan excesiva y con demasiada violencia la corrección corporal; pero muchos otros, me temo, la usan muy poco.

Lector, si algún punto merece tu atención, créeme, es este. Es de la índole que te causará problemas, lo sé. Pero si no te ocupas de los problemas de tus hijos cuando son chicos, te causarán problemas cuando sean grandes. Elige cuál prefieres.

Capítulo 13

INSTRÚYANLOS EN RECORDAR CONTINUAMENTE CÓMO DIOS INSTRUYE A SUS HIJOS

La Biblia nos dice que Dios tiene un pueblo elegido, una familia en este mundo. Todos los pobres pecadores que han sido redargüidos de pecado, y se han acercado a Jesús para recibir paz, constituyen esa familia. Todos los que realmente creemos en Cristo para salvación somos miembros de ella.

Ahora bien, Dios el Padre continuamente instruye a los miembros de Su familia, preparándolos para su morada eterna con Él en el cielo. Actúa como el agricultor que poda sus vides a fin de que den más fruto. Conoce el carácter de cada uno de nosotros como los pecados que constantemente nos atacan, nuestras debilidades, nuestras enfermedades peculiares, nuestras necesidades especiales. Conoce nuestras obras y sabe dónde vivimos, con quiénes vivimos, cuáles son nuestras pruebas, nuestras tentaciones y nuestros privilegios. Sabe todas estas cosas y está siempre ordenando todo para nuestro bien. Nos otorga a cada uno, en Su providencia, justo lo que necesitamos a fin de que llevemos el máximo fruto: tanto sol o tanta lluvia como podamos soportar; o si no, tanta amargura o tanta dulzura. Lector, si vas a instruir con sabiduría a tus hijos, presta suma atención a cómo Dios el Padre instruye a los suyos. Él hace todo bien; el plan que adopta es el correcto.

◇◇

INSTRUIR CON SABIDURÍA A TUS HIJOS

Piensa, entonces, cuántas cosas les niega Dios a sus hijos. Sospecho que encontraríamos a pocos que no hayan tenido deseos que Dios no ha concedido. Con frecuencia ha habido algo que querían lograr y, no obstante, siempre ha existido alguna barrera que impide su logro. Es como si Dios lo estuviera poniendo fuera de nuestro alcance y diciendo: «Esto no es bueno para ti; esto no debe ser». Moisés anhelaba intensamente cruzar el Jordán y ver la rica y fértil tierra prometida; pero recuerda que su anhelo nunca fue satisfecho.

No podemos ver el significado de Sus tratos

Piensa, también, con cuánta frecuencia Dios guía a su pueblo por caminos que nos resultan oscuros y misteriosos. No podemos ver el significado de Sus tratos con nosotros; no podemos ver lo razonable de la senda por la que andan nuestros pies. A veces nos han atacado muchas pruebas, nos han rodeado tantas dificultades que no hemos podido descubrir la razón de todo lo que nos sucede. Ha sido como si nuestro Padre nos estuviera tomando de la mano y llevando a un lugar oscuro y diciendo: «No preguntes nada, pero sígueme». De Egipto a Canaán había una ruta directa, no obstante, a Israel no se le guio a seguirla, sino a rodearla por el desierto. Y esto parecía duro en ese momento. Nos dice el relato: «*abatióse el ánimo del pueblo por el camino*». *(Éxodo 13.17, Números 21.4)*

Piensa, además, con cuánta frecuencia disciplina Dios a su pueblo con pruebas y aflicciones. Le envía cruces y desilusiones, lo abate con enfermedades, lo despoja de propiedades y amigos, lo cambia de una posición a otra, lo visita con las cosas más difíciles para la carne y la sangre. Y algunos de nosotros hemos desfallecido bajo las cargas que ha puesto sobre nosotros. Nos hemos sentido más agobiados de lo que podemos soportar, y casi hemos llegado al punto de murmurar contra la mano que nos ha disciplinado. Pablo el apóstol, había recibido un aguijón en la carne, sin duda una amarga prueba corporal, aunque no sabemos exactamente de qué se trataba. Pero esto sabemos, que le rogó tres veces al Señor que se lo quitara, sin resultado. *(Véase 2 Corintios 12.8, 9).*

Ahora bien, lector, a pesar de todas estas cosas, ¿has oído alguna vez de un hijo de Dios que creyera que su Padre no lo trataba sabiamente? No. Estoy seguro de que no. Los hijos de Dios siempre te dirán que, a la larga, el que no se hiciera lo que ellos querían fue una bendición y que Dios había hecho por ellos mucho más de lo que hubieran podido hacer por sí mismos. ¡Sí! Y te dirían también que los tratos de Dios les habían brindado más felicidad de la que hubieran podido obtener ellos mismos, y que su camino, aunque oscuro a veces, había sido un camino agradable y una senda de paz.

Te pido que tomes en serio y aprendas de la lección de los tratos de Dios con Su pueblo. No temas negarle a tu hijo nada que pienses que le hará daño, sean cuales fueren sus propios deseos. Es el plan de Dios.

<><><><><><><><><><><><><><><><><><><><><><><><><><><><>

No temas negarle a tu hijo nada que pienses que le hará daño

No vaciles en darle mandatos, a los que quizá en el presente no les encuentre sentido, y guiarle de maneras que ahora quizá no le parezcan razonables. Ese es el plan de Dios.

No rehúyas disciplinarlo y corregirlo cuando veas que la salud de su alma lo requiera, por más que te resulte doloroso; y recuerda que los medicamentos para la mente no han de rechazarse por ser amargos. Ese es el plan de Dios.

Y sobre todo, no temas que tal plan de instrucción hará infeliz a su hijo. Te advierto contra esta falacia. Créelo, no hay camino más seguro hacia la infelicidad que el de siempre salirse con la suya. Que nos controlen y no nos concedan los deseos es una bendición para nosotros; nos hace valorar los placeres cuando llegan. Que a uno le complazcan siempre los gustos es la manera de acabar siendo egoístas; y los egoístas y los niños consentidos, créeme, rara vez son felices.

◇◇◇

QUE A UNO LE COMPLAZCAN SIEMPRE LOS GUSTOS ES LA MANERA DE ACABAR SIENDO EGOÍSTAS

Lector, no pretendas ser más sabio que Dios: instruye a tus hijos como Él instruye a los suyos.

Capítulo 14

Instrúyanlos en recordar continuamente la influencia de su propio ejemplo

L as enseñanzas, los consejos y las órdenes de poco aprovechan a menos que los respalden la conducta de la vida de ustedes. Sus hijos nunca creerán que hablan en serio y que realmente quieren que les obedezcan, entretanto sus acciones contradigan sus consejos. El arzobispo Tillotson hizo un comentario sabio cuando dijo: «Impartir a los hijos una buena instrucción, y un mal ejemplo, no es más que indicarles con un movimiento de cabeza el camino al cielo, al mismo tiempo que los tomamos de la mano y los llevamos por el camino al infierno».

Desconocemos la fuerza y el poder del ejemplo. Ninguno de nosotros puede vivir para sí en este mundo; somos siempre de influencia en quienes nos rodean, de un modo u otro, para bien o para mal, para Dios o para el pecado. Los demás ven nuestro modo de actuar, se fijan en nuestra conducta, observan nuestro comportamiento y lo que nos ven hacer; tienen razón en suponer que creemos que lo que hacemos está bien. Y nunca, creo yo, es el ejemplo más poderoso que en el caso de padres e hijos.

◇◇

LOS NIÑOS APRENDEN MÁS POR LA VISTA QUE POR EL OÍDO

Padres y madres, recuerden que los niños aprenden más por la vista que por el oído. Ninguna escuela puede causar el indeleble impacto del hogar. Lo que les enseñan los maestros no lo retendrán como lo que aprenden en la familia. La imitación es un principio mucho más fuerte con los niños que la memorización. Lo que ven ejerce un efecto mucho más fuerte en su mente que lo que se les dice.

◇◇◇

SEAN UN EJEMPLO DE REVERENCIA A LA PALABRA DE DIOS

Tengan cuidado, entonces, de lo que hagan en presencia de su hijo. Está en lo cierto el proverbio: «El que peca ante un niño, peca doble». Esfuércense en ser una epístola viviente de Cristo que su familia pueda leer, y con claridad. Sean un ejemplo de reverencia a la Palabra de Dios, a la oración, a los cultos de adoración, al día del Señor. Sean un ejemplo con sus palabras, su temperamento, su diligencia, su templanza, su fe, su caridad, su bondad y su humildad. No crean que sus hijos pondrán en práctica lo que no ven en ustedes. Ustedes son el modelo a seguir y a reproducir. Podrán no comprender los razonamientos, discursos, órdenes y buenos consejos que les dan; pero sí pueden comprender la vida de ustedes.

Los niños son rápidos en observar, muy rápidos en ver ciertos tipos de hipocresía, muy rápidos en captar lo que ustedes en verdad piensan y sienten, y muy rápidos en adoptar sus modos y opiniones. Verán con frecuencia que de tal padre, tal astilla.

Recuerden la palabra que Julio César, el conquistador, usaba siempre con sus soldados en batalla. No les decía: «Marchen al frente», sino «Vengan». Así deben ser al instruir a sus hijos. Rara vez adquirirán hábitos que noten que a ustedes les disgustan, ni caminarán por sendas por las que no caminan ustedes mismos. Quien les predica a sus hijos lo que no pone en práctica realiza una obra que nunca avanza. Es como la madeja de Penélope, de la fábula clásica, que tejía de día y destejía de noche. Del mismo modo, el padre que trata de instruir sin ser un buen ejemplo está haciendo con una mano, y destruyendo con la otra.

Capítulo 15

Instrúyanlos en recordar continuamente el poder del pecado

Seré breve al hablar de esto, a fin de protegerlos contra expectativas que no son bíblicas.

No esperen encontrar que la mente de sus hijos sea una hoja de inmaculada blancura, y que no tendrán problemas si tan solo usan los medios correctos. Les advierto francamente que no será así. Es doloroso ver cuánta corrupción y maldad anida en el corazón del niño, y lo pronto que comienza a manifestarse: arranques de violencia, caprichos, orgullo, envidia, malhumor, pasión, ociosidad, egoísmo, engaños, picardía, mentiras, hipocresía, una aptitud terrible para aprender lo que es malo, una lentitud pasmosa para aprender lo que es bueno, gran disposición para mentir a fin de lograr lo que quiere. Deben estar preparados para ver todas estas cosas, o algunas, aun entre los de su propia sangre. Irán apareciendo de manera sutil a una edad muy temprana; y casi asusta observar con qué naturalidad afloran. Los niños no requieren escuela para aprender a pecar.

◇◇

LOS NIÑOS NO REQUIEREN ESCUELA PARA APRENDER A PECAR

Pero no deben desanimarse ni deprimirse por lo que ven. No tienen que pensar que sea algo extraño ni inusitado, que pequeños corazones puedan estar tan llenos de pecado. Es la única porción que nos dejó nuestro padre Adán, la naturaleza caída con la que venimos al mundo, la herencia que todos compartimos. Más bien seamos más diligentes en usar todo medio que, con la bendición de Dios, contrarreste mejor el mal. Dejen que eso los haga cada vez más cuidadosos, hasta donde sea posible, en mantener a sus hijos lejos de la tentación.

Nunca escuchen a los que les digan que sus hijos son buenos, bien educados y que se puede confiar en ellos. Piensen más bien que sus corazones son siempre inflamables como yesca. En el mejor de los casos, solo se requiere una chispa para que su corrupción se encienda. Rara vez son los padres demasiado cautelosos. Recuerden la depravación natural de sus hijos y tengan cuidado.

Capítulo 16

Instrúyanlos en recordar continuamente las promesas de las Escrituras

Eso también lo trataré de forma breve, a fin de que no se desanimen.

Cuentan con una promesa clara: «*Instruye al niño en su carrera: aun cuando fuere viejo no se apartará de ella*». *(Proverbios 22.6)* Piensen en lo que significa recibir una promesa así. Las promesas eran las únicas lámparas de esperanza que alegraban el corazón de los patriarcas antes de que se escribiera la Biblia. Enoc, Noé, Abraham, Isaac, Jacob, José; todos ellos vivieron confiando en unas pocas promesas y sus almas prosperaron. Las promesas son los refrigerios que en toda época han mantenido y fortalecido al creyente.

El que tiene un pasaje bíblico claro de su lado no tiene por qué deprimirse jamás. Padres y madres, cuando sus corazones desfallezcan y estén a punto de detenerse, lean las palabras de este texto, y cobren ánimo.

◇◇

LA CULPA NO ES DEL SEÑOR, SINO NUESTRA

Piensen en quién es el que promete. No es la palabra de un hombre que puede mentir o arrepentirse; es la palabra del Rey de reyes, quien nunca cambia. Él ha dicho algo y, ¿acaso no lo hará? O ha hablado y, ¿acaso no cumplirá? Ni hay nada demasiado difícil que Él no pueda realizar. Las cosas que son imposibles para los hombres son posibles para Dios. Lector, si no recibimos el beneficio de la promesa que anhelamos, la culpa no es del Señor, sino nuestra.

Piensen también lo que la promesa contiene, antes de negarse a los reconforte. Habla de cierta época en que la buena instrucción dará fruto especial, «*cuando el niño fuere viejo*». Esto por cierto reconforta. Tal vez no vean con sus propios ojos el resultado de la instrucción cuidadosa, pero no pueden saber qué frutos benditos pueden brotar de ella mucho tiempo después de que ustedes hayan partido. No es la costumbre de Dios dar todo de una vez. *Después* es cuando Él muchas veces decide obrar, tanto en las cosas de la naturaleza como en las cosas relativas a la gracia. *Después* es cuando la aflicción da fruto apacible de justicia. (*Véase Hebreos 12.11*). *Después* fue cuando el hijo que se negó a trabajar en la viña de su padre se arrepintió y se fue. (*Véase Mateo 21.29*). Y *después* es cuando deben confiar los padres si no ven éxito inmediato: deben sembrar con esperanza y cosechar con esperanza.

◇◇◇

NO ES LA COSTUMBRE DE DIOS DAR TODO DE UNA VEZ

«*Echa tu pan sobre las aguas;*» dice el Espíritu, «*que*

después de muchos días lo hallarás». (Eclesiastés 11.1) No me cabe duda que muchos hijos que nunca dieron señales de haber aprovechado la instrucción de sus padres en vida de estos, se levantarán el día del juicio y los bendecirán por su buena instrucción. Sigan adelante, entonces, con fe, y tengan por seguro que su labor no caerá en saco roto. Tres veces se echó Elías sobre el hijo de la viuda antes de que este reviviera. Sigan su ejemplo y perseveren.

Capítulo 17

INSTRÚYANLOS, POR ÚLTIMO, EN ORAR SIN CESAR POR BENDICIÓN SOBRE TODO LO QUE USTEDES HACEN

Sin la bendición del Señor, aun sus mejores esfuerzos no darán fruto. Él tiene en sus manos el corazón de cada hombre, y a menos que Él toque el corazón de sus hijos con su Espíritu, en vano se esforzarán. Por tanto, rieguen con constantes oraciones la semilla que siembran en sus mentes. El Señor está mucho más dispuesto a escuchar que nosotros a orar, mucho más dispuesto a dar bendiciones que nosotros a pedirlas; le agrada que se las pidamos. Y les presento esta cuestión de la oración como el remache, el sello de todo lo que hacen. Creo que el niño de tantas oraciones rara vez es rechazado.

Consideren a sus hijos como Jacob consideró a los suyos; le dice a Esaú que «*Son los niños que Dios ha dado a tu siervo*». *(Génesis 33.5)* Considérenlos como José consideró a los suyos; le dijo a su padre: «*Son mis hijos, que Dios me ha dado*». *(Génesis 48.9)* Considérenlos como el salmista: «*heredad de Jehová son los hijos*». *(Salmos 127.3)* Y luego pídanle al Señor, con audacia santa, que derrame su gracia y misericordia sobre Sus propios regalos. Noten cómo Abraham intercede por Ismael, porque lo ama: «*Ojalá Ismael viva delante de ti*». *(Génesis 17.18)* Vean cómo habla Manoa al ángel acerca de Sansón: «*¿Qué orden se tendrá con el niño, y qué ha de hacer?*». *(Jueces 13.12)* Observen el tierno cuidado de Job por el alma de sus hijos: «*ofrecía holocaustos conforme al número de todos ellos. Porque decía Job: Quizá habrán pecado mis hijos, y habrán blasfemado a Dios en sus corazones. De esta manera hacía todos los días*». *(Job 1.5)* Padres, si aman a sus hijos, vayan y hagan lo mismo. No hay límite al número de veces que pueden llevar sus nombres ante el trono de la gracia.

Conclusión

Y ahora, lector, en conclusión, permíteme recalcar una vez más la necesidad e importancia de usar cada uno de los medios en tu poder, si es que quieres instruir a tus hijos para llegar al cielo.

Sé muy bien que Dios es un Dios soberano y que hace todas las cosas conforme al designio de Su voluntad. Sé que Roboam era hijo de Salomón y Manasés hijo de Ezequías, y que uno no siempre ve que de padres piadosos salgan hijos piadosos. Sé también que Dios es un Dios que obra mediante ciertos métodos, y seguro estoy de que si tomas a la ligera dichos métodos, tus hijos posiblemente no terminen bien.

Padres y madres, pueden llevar a sus hijos a ser bautizados y anotarlos como miembros de la iglesia de Cristo, pueden conseguir patrocinadores piadosos que respondan por ellos y les ayuden con sus oraciones, pueden enviarlos a las mejores escuelas y regalarles Biblias y libros de oraciones, y llenarlos de conocimientos; pero si a la vez no hay una instrucción regular en casa, les digo sin rodeos, le terminará yendo mal al alma de sus hijos. El hogar es el lugar donde se forman los hábitos y donde se ponen los cimientos del carácter; el hogar nos inculca gustos y opiniones. Ocúpense, entonces, les ruego, de que haya una esmerada instrucción en casa. Bienaventurado el hombre que puede decir, como dijo Bolton en el lecho de muerte a sus hijos: «Creo que ninguno de ustedes se atreverá a encontrarse conmigo ante el tribunal de Cristo en un estado no regenerado».

Padres y madres, les encomiendo solemnemente ante Dios y el Señor Jesucristo que hagan todo esfuerzo posible por instruir a sus hijos en el camino en que deben andar. Se los encomiendo no solo por el alma de ellos, sino por el futuro consuelo y paz de ustedes mismos. Se los encomiendo porque los beneficia a ustedes. De veras que su propia felicidad depende en gran medida de ello. Los hijos siempre han sido el arco con el cual las saetas más agudas han herido el corazón del hombre. Los hijos nos han hecho beber de la copa más amarga que le hayan servido al hombre. Los hijos han causado las lágrimas más tristes que el hombre haya tenido que derramar. Adán se los podría afirmar, Jacob confirmar y David reconfirmar. No existen sobre la faz de la tierra tristezas como las que los hijos puedan ocasionar. ¡Ah! Presten atención, no sea que su propia negligencia les cause sufrimientos en su ancianidad. Presten atención, no sea que tengan que sufrir bajo el maltrato de un hijo ingrato, en los días cuando sus ojos se vayan apagando y su fuerza natural haya menguado.

Si anhelan que sus hijos sean quienes restauren su vida y el aliento de su vejez. Si quieren que sean de bendición y no de maldición, de gozo y no de tristeza, como Judá y no como Rubén, como Ruth y no como Orpha, y si no quieren, como Noé, avergonzarse de sus acciones y, como Rebeca, cansarse de la vida por culpa de ellos: si este es su deseo, sigan pronto mi consejo; instrúyanlos correctamente mientras son jóvenes.

Y, en cuanto a mí, concluiré elevando mi plegaria a Dios por todos los que leen este libro, que puedan de Dios aprender a sentir el valor de su propia alma. Esta es una razón por la cual el bautismo es, muy a menudo, un mero formulismo, y la instrucción cristiana se desprecia y se hace a un lado. Demasiadas veces los padres no se preocupan por sí mismos y, por ende, no se preocupan por sus hijos. No distinguen la gran diferencia entre un estado natural y uno de gracia y, por lo tanto, se contentan con dejarlos que se las arreglen solos.

Que el Señor les enseñe ahora que el pecado es algo abominable para Él. Sé que entonces llorarán por los pecados de sus hijos, y se esforzarán por arrancarlos como se arranca el hierro del fuego.

Que el Señor les enseñe lo precioso que es Cristo y qué obra poderosa y completa ha hecho para nuestra salvación. Estoy seguro de que entonces se valdrán ustedes de todos los medios para acercar a sus hijos a Jesús, para que vivan por medio de Él.

Que el Señor les enseñe a todos la necesidad del Espíritu Santo para renovar, santificar y avivar su alma. Estoy seguro de que entonces instarán a sus hijos a orar sin cesar y a no descansar hasta que el Espíritu Santo descienda y entre en sus corazones con poder, y los convierta en nuevas criaturas.

El Señor les otorgue esto y tengo una gran esperanza de que entonces en verdad van a instruir bien a sus hijos: los instruirán bien para esta vida y para la vida por venir; para esta tierra y también para el cielo; para Dios, para Cristo y por la eternidad.

-